PFERDEGESCHICHTEN – PFERDEWISSEN

Harriet Buchheit
wurde 1963 in Landau/Pfalz geboren. Im Alter von zehn Jahren begann
sie zu reiten; ihr erstes Pferdebuch erschien 1978. Nach dem Abitur
studierte sie zunächst Englisch und Italienisch. Seit 1985 arbeitet sie
hauptberuflich als Flugbegleiterin und hat zahlreiche Bücher veröffentlicht.
Harriet Buchheit lebt mit ihrem Mann in der Nähe von Würzburg.

Milada Krautmann
hat ihre künstlerische Ausbildung an der Kunstgewerbehochschule in
Prag sowie in Brüssel und Paris erhalten. Sie arbeitet in den
verschiedensten Techniken. Der größte Anteil ihrer Illustrationen ist den
Pferden und Naturthemen gewidmet. Sie ist für zahlreiche Verlage tätig,
vorwiegend im Kinder- und Jugendbuchbereich.

Harriet Buchheit

Alina lernt voltigieren

Vom Aufsprung bis zur Kür

Mit Bildern von Milada Krautmann

Arena

FSC
www.fsc.org
MIX
Papier aus ver-
antwortungsvollen
Quellen
FSC® C110508

1. Auflage im Arena-Taschenbuch 2019
© Ensslin im Arena Verlag GmbH, Würzburg 2007
Alle Rechte vorbehalten
Illustrationen: Milada Krautmann
Umschlagillustration: Josephine Llobet
Covergestaltung: Mona Königbauer
Umschlagtypografie: Sibylle Bader
Gesamtherstellung: Westermann Druck Zwickau GmbH
ISSN 0518-4002
ISBN 978-3-401-51089-7

Besuche uns unter:
www.arena-verlag.de
www.twitter.com/arenaverlag
www.facebook.com/arenaverlagfans

Inhalt

Die Neue

Alina schiebt mit Schwung ein letztes Mal den
Besen über die Stallgasse und betrachtet zufrieden
ihr Werk. Alles sauber.
Das ist einer der schönsten Augenblicke des Tages,
wenn die Arbeit getan ist und die Pferde ihr
Abendheu kauen. Alina lehnt sich an Texas'
Boxentür und schaut ihm beim Fressen zu.
Lautes Motorengebrumm draußen vorm Stall reißt
sie aus ihren Gedanken.
»Kommt heute noch jemand?« Kati steckt den Kopf
aus der Sattelkammer. »Komm, wir schauen nach!«
Gemeinsam laufen Kati und Alina auf den Hof.
Aus einem Pferdehänger lädt eine junge blonde
Frau einen kräftig gebauten Fuchs mit vier weißen
Fesseln und breiter Blesse aus.
»Hanna, schnell!«, ruft Kati aufgeregt in den Stall.

»Wir bekommen ein neues Pferd!«

Hanna lässt sich viel Zeit, aber Max ist sofort zur
Stelle.

»Kennst du die? Wer ist das?«, fragt Alina
aufgeregt.

Max gibt sich wieder mal superlässig.

»Klar doch. Ist 'ne Freundin von Hanna. Tamara.
Paar Jahre älter.«

»Und ihr Pferd?«, will Alina wissen.

Max schiebt sich einen Strohhalm zwischen die
Zähne und lehnt sich gegen die Wand. Jetzt gibt er
wieder den Western-Helden, denkt Alina genervt.
Am liebsten würde sie ihn schütteln.

»Hat 'nen blöden Namen. Irgendwas Französisches.
Aber sein Rufname ist Charly . . .«

Jetzt kommt endlich auch Hanna angelaufen.

»Hättet ihr Tamara nicht helfen können?«, fragt sie
vorwurfsvoll und geht der Freundin entgegen, um sie
zu begrüßen.

Dann zeigt sie Tamara Charlys neue Box.

Der dreht sich nur einmal im Kreis, beschnuppert seine Nachbarn, quietscht mit zurückzuckenden Ohren und steckt seinen Kopf in die Futterkrippe. Hanna und Tamara haben sich lange nicht gesehen und deshalb eine Menge zu erzählen. Natürlich spitzen auch Alina und Kati neugierig die Ohren. »Tamara hat in Berlin studiert«, berichtet Hanna, »aber jetzt ist sie zurück und arbeitet in der Praxis ihres Vaters . . .«

»Was denn studiert?«, will Kati wissen.

»Zahnmedizin. Ich bin Zahnärztin«, antwortet Tamara und lacht über Alinas und Katis angewiderte Gesichter.

»Und jetzt«, schreit Max dazwischen, »geht's hier voltimäßig richtig zur Sache!«

Alina und Kati gucken so verdutzt, dass Hanna lachen muss und erklärt:

»Tamara ist eine ganz tolle Voltigiererin. Sie hat sogar an deutschen Meisterschaften teilgenommen. Von jetzt an wird sie hier Voltigierunterricht geben.«

»Auf Ihrem Pferd?«, fragt Kati.

»Ihr könnt mich ruhig duzen«, erlaubt Tamara großzügig.

Eine Zahnärztin duzen? Kati kichert leise. Aber immerhin ist Tamara auch eine Pferdenärrin, da fällt das Du gleich viel leichter.

»Können wir da auch mitmachen?«, erkundigt sich Alina.

»Ja, auf Charly«, sagt Tamara gerade und schaut nun fragend auf Hanna.

Die lacht. »Ihr müsst wohl immer und überall dabei sein«, neckt sie die Mädchen. »Von mir aus gern! Wir setzen eine Anzeige in die Zeitung und machen im Stall einen Aushang. Mal sehen, wie viele sich anmelden.«

»Hauptsache, Leah-Louise ist nicht dabei«, meint Alina mit gerümpfter Nase.

»Ach was«, sagt Max abfällig, »für die ist Voltigieren doch bloß Kinderkram. Die hat eben keine Ahnung, die eingebildete Zicke.«

Was ist Voltigieren?

Einfach gesagt, handelt es sich beim Voltigieren um das Turnen auf dem Pferd. Dabei wird das Pferd auf einem großen Zirkel longiert. Voltigiert wird – abhängig vom Können der Voltigierer – im Schritt und im Galopp.

Das Voltigieren kann ein Einstieg zum Reiten sein, ist aber auch eine eigenständige und anspruchsvolle Sportart. Voltigierer müssen nicht nur in der Lage sein, Übungen aus den Bereichen Turnen, Gymnastik und Sportakrobatik auszuführen. Da sie alle Übungen auf dem Pferd zeigen, müssen sie sich auch ständig den Bewegungen des Pferdes anpassen. Voltigieren braucht viel Training und Ausdauer.

Die Entwicklung des Voltigierens

Die Ursprünge des Voltigierens reichen weit in die Vergangenheit zurück. Sie finden sich in allen Kulturen, die das Pferd als Reittier nutzten. Dazu zählen die Germanen genauso wie die alten Römer, die Steppenvölker Asiens oder die nordamerikanischen Indianerstämme. Sie alle mussten für Kampf und Jagd die Geschicklichkeit auf dem Pferderücken trainieren.

Aus dem Auf- und Abspringen auf das laufende Pferd entwickelte sich das eigentliche Voltigieren. Der erste Voltigiergurt wurde vor mehr als zweihundert Jahren erfunden.

1920 war Voltigieren sogar olympische Disziplin! Damals waren allerdings alle teilnehmenden Voltigierer Soldaten. Voltigieren gehörte zu dieser Zeit zu ihrer Ausbildung.

Voltigieren vor 40 Jahren

Die ersten Kindergruppen entstanden einige Jahre später.

Heute zählt das Voltigieren zu den beliebtesten Pferdesportarten. Viele Reiter haben beim Voltigieren ihre erste Bekanntschaft mit dem Pferd gemacht.

Das Voltigierpferd

Da an ein Voltigierpferd hohe Anforderungen gestellt werden, muss es sehr sorgfältig ausgesucht und ausgebildet werden. Bei der Auswahl gibt es eine Menge zu bedenken:

Was darf das Pferd kosten? Wie soll es eingesetzt werden? Wie setzen sich die Voltigiergruppen zusammen? Das ist wichtig, wenn es um den Ausbildungsstand und auch um die Größe des Pferdes geht.

Vor der Ausbildung zum Voltigierpferd muss eine gute Grundausbildung im Reiten und Longieren stattfinden.

Wichtig ist auch, dass das Pferd gesund ist und einen geeigneten Körperbau hat. Dazu zählen kräftige, gut gestellte Beine, eine gut bemuskelte Hinterhand, ein hoch angesetzter Hals und eine lange, schräge Schulter. Das Pferd darf im Rücken nicht empfindlich sein und muss weich, schwungvoll und gleichmäßig galoppieren können.

Auch der Charakter des Pferdes ist sehr wichtig. Das Voltigierpferd sollte ruhig, zuverlässig, gelehrig und aufmerksam sein. Es muss gute Nerven haben und sich Kindern gegenüber freundlich verhalten. Nicht geeignet sind kitzlige und schreckhafte Pferde.

Die Ausrüstung des Voltigierpferdes

Zur Ausrüstung zählen Trense, Ausbindezügel, Longe und Longierpeitsche, Gamaschen oder Bandagen, Voltigierpad und Gurtunterlage sowie der Voltigiergurt mit zwei Griffen und zwei Fußschlaufen. Wichtig ist, dass Trense und Voltigiergurt dem Pferd gut passen, nichts darf drücken oder scheuern. Die Gurtunterlage dient zum Abpolstern des Voltigiergurtes. Auch hier gilt, wie beim Sattel, Nachgurten nicht vergessen!

Die Ausrüstung des Voltigierers

Im Voltigierunterricht solltest du eine dehnbare Gymnastikhose tragen, ein T-Shirt oder einen Pullover und Gymnastikschuhe mit rutschfester, weicher Sohle. Es gibt auch spezielle Voltigierschuhe.

Die gesamte Kleidung sollte bequem, aber eng anliegend sein. Mit weiter Kleidung könntest du am Gurt hängen bleiben. Außerdem sind Fehler schwerer zu erkennen. Wenn du lange Haare hast, binde sie zusammen; Schmuck legst du ab.

Aller Anfang ist schwer

Zum Voltigieren haben sich so viele Kinder und Jugendliche angemeldet, dass sie in vier Gruppen aufgeteilt werden müssen. Drei Anfängergruppen und eine für diejenigen, die schon ein bisschen voltigieren können. Dazu zählt auch Max. Alina und Kati sind in der Freitagsgruppe für Anfänger gelandet.

»Jetzt haben wir Reitstunde, Pause und noch Voltigierunterricht«, stellt Kati fest.

Sieben Mädchen und ein Junge warten in der Reithalle. Alle tragen lange Gymnastikhosen und Turnschläppchen. Und alle starren mit großen Augen auf das Übungspferd, das aussieht wie eine große Tonne auf vier Stelzen. Ein Voltigiergurt ist um die Tonne geschnallt. Daneben steht ein kleines Trampolin.

Als Tamara die Halle betritt, verstummt das
aufgeregte Getuschel. Sie stellt zuerst sich, dann
auch das Übungspferd vor.
»Das ist unser Kurt. Er ist ruhig und geduldig, wird
nie müde und nimmt nichts übel. Alle Übungen
probieren wir zuerst an und auf ihm aus.«
Die Kinder lachen.
»Hallo, Kurt!«, ruft eins vorwitzig.

Bevor es richtig zur Sache geht, erklärt Tamara ausführlich, was Voltigieren eigentlich ist und worauf es dabei ankommt. Dann zeigt sie ihren Schülern, mit welchen Übungen sie sich aufwärmen und locker machen sollen.

»Ihr seht ja ganz schön steif aus«, neckt sie die Kinder, die zwar eifrig laufen und hüpfen, beim Strecken und Dehnen aber schnell zu stöhnen anfangen. »Das muss sich ändern! Und das wird sich ändern!«

»Klingt wie 'ne Drohung«, murmelt Kati.

»Mecker nicht!« Alina rutscht neben Kati in die Grätsche. »Sei lieber froh, dass Leah-Louise nicht mitmacht. Es wird bestimmt noch ganz toll!«

»Ja, wenn wir endlich aufs Pferd dürfen«, mault Kati leise. Sie bewegt sich eben nicht so wahnsinnig gern.

Aber bevor sie auf Charly losgelassen werden, muss erst mal Kurt herhalten.

Tamara zeigt den richtigen Aufsprung und den freien Grundsitz. Mit dem Trampolin ist das auch gar nicht so schwer. Bei Charly gibt es aber Hilfestellung, damit er nicht getreten und geknufft wird.

Alina findet es sehr aufregend, ohne Sattel auf dem Pferd zu sitzen. Tamara lässt sie den Grundsitz machen, sich nach hinten und nach vorn legen, sich hinknien und dann soll sie sich sogar auf dem Pferd herumdrehen. Angestrengt starrt Alina auf Charlys Schweif. Das fühlt sich nun wirklich komisch an! Sie ist froh, als Tamara ruft: »Und jetzt wieder zurück in den Grundsitz!«

Alle Kinder, die schon Reitunterricht hatten, dürfen den Grundsitz auch im Galopp versuchen. Erst mal mit Festhalten, aber Kati und Alina trauen sich schnell, die Hände loszulassen. Nur ein Mädchen hat noch nie auf einem Pferd gesessen.
»Du wirst ganz schnell aufholen«, verspricht Tamara. »Und Charly ist weich wie ein Sofa.«

Am nächsten Tag haben Alina und Kati Muskelkater wie nach der ersten Reitstunde. Aber sie freuen sich schon auf den nächsten Voltigierunterricht.
Auf Kurt lernen sie ihre allerersten Übungen.

Noch nichts Schwieriges. Jedenfalls kommt es ihnen nicht allzu schwierig vor, solange das Pferd unter ihnen steht!

Im Schritt sieht die Sache schon ein bisschen anders aus.

»Und das sollen wir später mal im Galopp können?«, fragt Alina und stößt die Luft aus.

»Und im Galopp aufspringen!«, jammert Kati.

Max, der sie beobachtet, grinst breit. »Wenn du das Pferd verpasst, Kati, kommt's in der nächsten Runde wieder vorbei.«

Kati wirft ihm einen bösen Blick zu und fährt fort: »Ich kriege das ja nicht mal auf Kurt richtig hin und da gibt's ein Trampolin. Am Pferd geht das nie! Charly ist einfach zu groß für mich.«

Tamara hört die beiden jammern und lächelt ihnen aufmunternd zu.

»Das wird schon«, verspricht sie. »Aller Anfang ist schwer.«

Kati zappelt an Kurts Seite, während Alina noch einige Dehnübungen macht.

Gerade streckt Hanna den Kopf zum Tor herein.

»Ich hab Charly mitgebracht«, sagt sie.

Eigentlich sind immer zwei Kinder dafür eingeteilt, Charly zu putzen und mit Hanna zusammen fertig zu machen. Aber diesmal war Hanna schneller.

»Oh, danke, prima!« Tamara nickt ihren Schülern zu. »Ihr übt weiter an Kurt, während ich ablongiere«, ordnet sie an. »Korrigiert euch auch gegenseitig.«

»Und keine Dummheiten«, fügt Hanna augenzwinkernd hinzu.

»Puh, was denn für Dummheiten?«, fragt Alina und schafft es, einigermaßen leichtfüßig auf Kurt aufzuspringen.

Sie sieht Hanna mit Kati flüstern und beobachtet, wie die Freundin einen kleinen Freudenhüpfer macht. Ihre Augen leuchten vor Begeisterung.

»Was ist los?«, fragt Alina und überlässt Kurt freiwillig den anderen.

Kati flüstert es ihr ins Ohr.

»Hanna und Tamara nehmen uns morgen mit auf
ein Voltigierturnier in der Nähe.«
Alina versteht sofort. »Nur uns?«, wispert sie.
Kati nickt. Die beiden fassen sich an den Händen
und hüpfen wild im Kreis herum.

»Was hat euch denn gebissen?«, fragt Elke
unwirsch. Sie ist die Größte und Kräftigste in der
Gruppe und will auch überall die Erste sein.
»Nichts«, behaupten Alina und Kati wie aus einem
Mund.

Das Longieren

Vor dem Longieren musst du das Pferd putzen und ihm die Hufe auskratzen. Dann wird es zum Longieren fertig gemacht.

Dazu trägt es eine Trense und Gamaschen oder Bandagen, außerdem einen Longiergurt, falls es nur longiert wird, einen Sattel, falls du anschließend reiten möchtest, oder einen Voltigiergurt, falls Voltigierunterricht geplant ist. Zuerst wird das Pferd ablongiert, also an der Longe aufgewärmt und gelockert. Dazu sollten die Hilfszügel (z. B. Ausbinder) noch lang verschnallt sein. Während der eigentlichen Arbeit werden die Hilfszügel verkürzt. Dabei ist der innere immer etwas kürzer als der äußere.

Zum Longieren gehören auch eine Longe und eine Longierpeitsche. Die Person, die das Pferd longiert, nennt man Longenführer. Der Longenführer hält die Longe in der Hand, die dem Pferdekopf näher ist, die Peitsche deutet in Richtung Hinterhand.

Mit der Peitsche werden hauptsächlich treibende Hilfen gegeben, was aber nicht bedeutet, dass das Pferd mit der Peitsche berührt werden muss. Das Pferd soll auf die Peitschenhilfen reagieren, ohne Angst davor zu haben. Neben Longe und Peitsche spielt auch die Stimme eine wichtige Rolle beim Longieren.

Die Stimme kann beruhigend oder antreibend wirken. Auch die Grundkommandos – »Steh!« oder »Halt!«, »Scheritt« (Schritt), »Terab« (Trab) und »Galopp« – werden mit der Stimme gegeben. Genau wie beim Reiten soll auch beim Longieren immer wieder die Hand (Bewegungsrichtung) gewechselt werden, damit das Pferd nicht einseitig belastet wird und ermüdet.

Auch zu langes Galoppieren ermüdet das Pferd. Deshalb ist es wichtig, dass sich Schritt und Galopp abwechseln. Wenn das Pferd über einen längeren Zeitraum Schritt geht, müssen die Hilfszügel verlängert werden. Nur so kann das Pferd sich richtig dehnen und entspannen.

Die Übungsgruppen

Das beste Einstiegsalter für Voltigierer liegt
zwischen sechs und zehn Jahren, aber natürlich
kann man auch später noch mit dem Voltigieren
beginnen. Die einzelnen Übungsgruppen sollten
aber nicht nach Alter, sondern vor allem nach
Können der Teilnehmer zusammengestellt
werden.
Auf diese Weise entstehen Spielgruppen,
Anfängergruppen, Nachwuchsgruppen und
Turniergruppen.
Aufgrund des Altersunterschiedes sind die Voltigierer
in einer Gruppe häufig unterschiedlich groß.

Deshalb ist es manchmal nicht leicht, das passende Pferd zu finden. Wichtig ist, dass auch das kleinste der Kinder vom Boden aus noch den inneren Griff des Voltigiergurtes erreichen kann.

Eine Voltigiergruppe sollte aus etwa sechs bis acht Teilnehmern bestehen. Bei Turniergruppen sind neun bis zehn Teilnehmer sinnvoll. Du solltest anfangs ein bis zwei Trainingsstunden in der Woche einplanen. Turniergruppen müssen natürlich noch öfter trainieren!

Der Aufbau einer Übungsstunde

Vor und nach der eigentlichen Übungsstunde steht die Betreuung des Pferdes.

Die Übungsstunde selbst ist – ähnlich wie eine Reitstunde – in drei Teile eingeteilt. Sie beginnt mit der Aufwärmphase, mit Lauf- und Hüpfübungen sowie Strecken und Dehnen. Für einen guten Voltigierer ist nicht nur die Körperbeherrschung wichtig, sondern auch die Gelenkigkeit! Wenn du dich aufgewärmt hast, ist auch die Verletzungsgefahr kleiner.

Dann folgt der Hauptteil der Stunde. Trainiert wird am Übungspferd und am lebenden Pferd, und zwar im Stand, Schritt und Galopp, manchmal auch im Trab, um das Gleichgewicht zu verbessern.
Nun folgt der Schlussteil, bei dem Pferd und Voltigierer sich entspannen und auflockern sollen. Wichtig ist, dass jeder Voltigierer die Stunde mit einem Erfolgserlebnis abschließen kann. So macht das Voltigieren richtig Spaß und alle freuen sich auf die nächste Stunde!

Das Übungspferd

Beim Voltigierunterricht kann eine ganze
Reihe von Hilfsmitteln und Geräten eingesetzt
werden. Dazu zählen beispielsweise Springseile
zum Aufwärmen, ein Minitrampolin oder Cavaletti,
um darüber zu springen oder darauf zu balancieren.

Besonders hilfreich ist das Übungspferd. Auf
ihm kannst du alle Übungen ausprobieren, ohne
Angst haben zu müssen, dem Pferd wehzutun.
Das Übungspferd sollte gut gepolstert sein.
Es trägt entweder einen Voltigiergurt oder ist
wenigstens mit zwei Griffen versehen.

Ein spannender Tag

»Wir holen euch zu Hause ab«, hat Hanna versprochen. »Das ist nicht mal ein Umweg für uns.«

Alina und Kati sind schon mächtig gespannt auf das Turnier. Während der Fahrt plappern sie ununterbrochen. Max mischt sich andauernd ein und wirft mit Fachausdrücken um sich, als würde er schon seit hundert Jahren voltigieren.

Der Parkplatz ist vollgepackt mit Fahrzeugen. Obwohl es kein allzu großes Turnier ist, haben eine Menge Zuschauer und etliche Voltigiergruppen den Weg hierher gefunden.

»Schau mal, die haben zwei Reithallen«, stellt Alina staunend fest.

»Praktisch«, findet Tamara. »Da kommt man sich nicht so schnell in die Quere.«

In der einen Halle können sich die Teilnehmer auf die Prüfungen vorbereiten, in der anderen finden die Wettbewerbe statt. Beide Hallen sind hell erleuchtet. An den Längsseiten der Haupthalle ziehen sich Tribünenreihen entlang.
Im Augenblick aber drängen sich die meisten Zuschauer noch in der Trainingshalle und verfolgen gespannt, wie Pferde ablongiert werden und Voltigierer sich aufwärmen.

Dann beginnt die erste Prüfung. Alina und Kati
strömen mit Hanna, Tamara, Max und den übrigen
Zuschauern hinüber in die Haupthalle. Es gelingt
ihnen, fünf gute Plätze zu ergattern.
Und dann kommen sie aus dem Schauen und
Staunen nicht mehr heraus.
Die Pferde sind großartig herausgebracht, blank
geputzt, mit eingeflochtenen Mähnen und Bandagen
an allen vier Beinen. Trense und Voltigiergurt sind
auf Hochglanz poliert. Besonders angetan hat es
Alina und Kati ein glänzender Rappe, der eine weiße

Trense, weiße Ausbinder und einen weißen Gurt mit weißer Decke trägt. Auch die Gruppen sehen schick aus. Alle Voltigierer einer Gruppe sind einheitlich in eng anliegende, elegante Trikots gekleidet und die Mädchen haben alle die gleiche Frisur.

Bei allen klappt schon das Einlaufen im Gleichschritt, Aufstellen und Grüßen wie am Schnürchen.

»Der erste Eindruck kann entscheidend sein«, weiß Tamara, »vor allem, wenn die Leistungsdichte sehr hoch ist.«

Staunend stellen die Mädchen fest, dass selbst die kleineren Kinder den Aufsprung aufs galoppierende

Pferd schon ohne Hilfestellung schaffen. Einige der Pflichtübungen kennen sie aus ihren eigenen Unterrichtsstunden. Quersitz, Fahne, Liegestütz . . . In der zweiten Prüfung kommen Übungsteile hinzu, die ihnen noch fremd sind.

Gebannt schauen Alina und Kati zu. Sie haben Tamara in die Mitte genommen, um sie mit Fragen bombardieren zu können.

»Was war das gerade?« – »Und das?« – »War das richtig so?«

Zwischendurch fallen ihnen sogar schon kleine Fehler auf: ein schlecht gestrecktes Bein, ein Wackler, ein ungeschicktes Umgreifen, ein Stolpern beim Auslaufen.

Alles in allem aber sind sie begeistert. Besonders die Küren der höheren Leistungsklassen gefallen ihnen. Drei Voltigierer auf einmal auf dem Pferd! Kati beißt vor Aufregung auf ihren Fingernägeln herum, als ein kleines Mädchen auf die Schultern ihrer stehenden Partnerin klettert.

»Wie machen die das?«, murmelt sie atemlos.

»Wie machen die das, auf einem galoppierenden Pferd? Habt ihr das gesehen?«, fragt sie begeistert, als

die oberste Voltigiererin mit elegantem Schwung abrollt
und auf dem Boden landet.

»So gut will ich das auch mal können«, nimmt sich
Alina vor, als die letzte Siegerehrung des Tages
stattfindet. Sie und Kati klatschen sich die Hände
wund.

Tamara lächelt. »Wenn du fleißig übst, schaffst du
das bestimmt.«

»Und gibt es Übungen, die noch schwieriger sind?«,
will Kati wissen.

Tamara nickt. »Oh ja! Die Spitzengruppen machen

noch schwerere Kürübungen und vor
allem noch perfektere Vorführungen.«
Sie kommt ins Schwärmen. »Da ist dann alles
abgestimmt, die Musik, die Trikots, die Gestaltung
passt genau zur Musik, jede Bewegung sitzt . . .
Vielleicht habt ihr ja Lust, nächstes Jahr mit mir auf
die deutschen Meisterschaften zu fahren? Da könnt
ihr solche Gruppen sehen.«
»Machst du selbst auch mit?«, fragt Alina ehrfürchtig.
Tamara schüttelt den Kopf. »Nein, nicht mehr. Jetzt
ist der Nachwuchs an der Reihe. Also, Mädels,
strengt euch tüchtig an . . .«

Voltigieren als Turniersport

Voltigieren macht nicht nur sehr viel Spaß, es ist auch ein richtiger Leistungssport. Es gibt Turniere bis hin zu deutschen Meisterschaften, Europa- und Weltmeisterschaften.

Wie bei allen Turnieren finden Prüfungen mit unterschiedlicher Schwierigkeit statt. Beim Gruppenvoltigieren gibt es verschiedene Leistungsklassen. Bei Gruppenwettkämpfen muss zunächst jeder Voltigierer die vorgeschriebenen Pflichtübungen zeigen. Das Pflichtprogramm ist für die unteren Leistungsklassen einfacher als für die höheren.

Im Anschluss an die Pflicht folgt die Kür. Die
Voltigierer können hier ihr Programm selbst
gestalten. Beim Gruppenvoltigieren dürfen in der Kür
bis zu drei Voltigierer gleichzeitig auf dem Pferd ihre
Übungen zeigen, in den unteren Wettkampfklassen
wird nur zu zweit voltigiert. Zu einer schönen Kür
gehört sehr viel Geschick! Langes Training, viel Mut
und gegenseitiges Vertrauen sind notwendig, um
hohe Pyramiden auf dem galoppierenden Pferd zu
bauen.

Die Wahl der Musik und die Aufmachung der
Voltigierer spielen besonders in der Kür eine
wichtige Rolle.

Neben dem Gruppenvoltigieren gibt es auch
noch das Einzelvoltigieren. Jeder Einzelvoltigierer
zeigt die Pflicht und eine Einzelkür von einer
Minute Dauer.

Beim Doppelvoltigieren treten
nur Paare zum Wettbewerb an.
Das Doppelvoltigieren ist ein
reiner Kürwettbewerb.

Die Bewertung der Teilnehmer wird durch dafür
geschulte Voltigierrichter vorgenommen. Sie
beurteilen nicht nur die Leistung der Voltigierer,
sondern auch das Voltigierpferd und das Longieren.

Die Pflichtübungen

Als Anfänger lernst du als Erstes die Pflichtübungen für die unterste Wettkampfklasse:

Aufsprung

Freier Grundsitz

Freies Knien

Fahne (die fortgeschrittenen Voltigierer strecken auch noch den linken Arm aus) daraus in den **Liegestütz**

Quersitz

(innen und außen)

Abgang

Wende nach innen

Später kommen schwierigere Übungen hinzu, wie zum Beispiel die Mühle, die Schere, die Flanke und das freie Stehen.

So ein Pech!

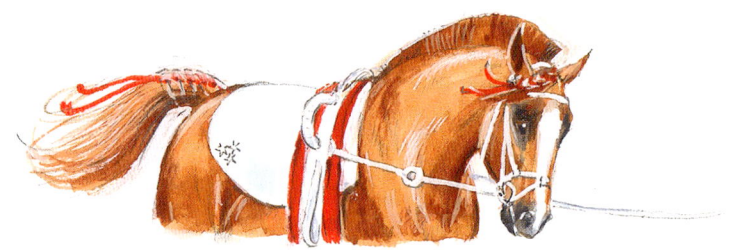

Auf dem Nachhauseweg hat Hanna noch eine
Überraschung für die Mädchen.

»Ihr wisst doch, dass wir im Stall jedes Jahr eine
Weihnachtsfeier veranstalten«, beginnt sie.

»Ja, mit jeder Menge Vorführungen«, wirft Kati ein.

Alina schweigt. An den Reitvorführungen nehmen
nur die fortgeschrittenen Reiter teil. Kati und sie
zählen aber noch zu den Anfängern und dürfen bei
dem Spaß nur zuschauen.

»Genau«, stimmt Hanna zu. »Jetzt haben Tamara
und ich beschlossen, auch das Voltigieren mit
einzubauen. Jeder darf eine oder zwei Übungen
zeigen.«

»Wir auch?«, fragt Alina, plötzlich hellwach.

»Alle«, versichert Tamara.

»Aber wir können doch noch nicht so besonders viel«, meint Kati zögernd.

»Darauf kommt es nicht an. Nur darauf, dass ihr euch Mühe gebt und Spaß an der Sache habt.«

Von nun an üben Alina und Kati noch eifriger als zuvor. Nicht nur beim Voltigierunterricht, sondern auch vor und nach jeder Reitstunde. Kurt steht immer bereit und lässt sich alles gefallen.

Auf ihm probieren sie sogar Übungen aus, die Tamara noch gar nicht im Unterrichtsplan hat. Kati hat in der Schulbücherei ein Buch übers Voltigieren gefunden, in dem alles genau beschrieben steht.

»Schere«, liest Alina mit gerunzelten Brauen, »und
Flanke . . .«
»Sieht ganz schön schwierig aus«,
findet Kati.
Alina springt auf Kurt und
probiert die Schere aus.

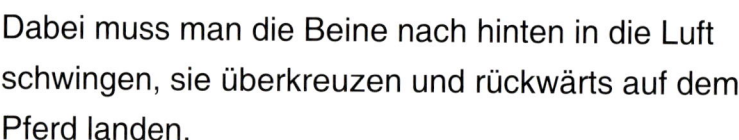

Dabei muss man die Beine nach hinten in die Luft
schwingen, sie überkreuzen und rückwärts auf dem
Pferd landen.
»Da braucht man viel Schwung«, stellt Alina
ächzend fest. Sie hängt schief an Kurts Seite. »Ich
kann das nicht! Da verknoten sich meine Beine und
ich komme auch nicht rum . . .« Ungeschickt
krabbelt sie wieder zurück auf Kurts Rücken.
Kati grinst: »Hier steht aber auch, das ist eine
Pflichtübung für Fortgeschrittene. Du kannst also
noch ein paar Jahre üben . . .«

Die leichteren Übungsteile aber klappen immer besser, auch auf Charly, manche sogar schon im Galopp. Im Schritt üben die Kinder auch schon einfache Doppelübungen ein – die sehen bei einer Vorführung besonders schön aus.
Tamara beobachtet genau, wo die Stärken und Schwächen ihrer Schüler liegen. Alina hat ein ausgezeichnetes Gleichgewichtsgefühl, ist aber noch ein wenig steif. Kati ist in allem etwas langsam, kann aber Bewegungsfolgen gut umsetzen und greift fast immer richtig in den Gurt.

»Höher das Bein, Alina!«, ruft Tamara. »Deine
Fahne sieht ja traurig aus, die weht nur auf
Halbmast!«
Auch der Liegestütz erinnert irgendwie an eine
Hängematte . . . Dafür klappen Knien und Quersitz
tadellos.

»Jetzt du, Kati!«
Alina läuft neben Kati her und hilft ihr beim
Aufsprung.
Kati macht ihre Sache gut, nur das Knien verwackelt
sie. Beim Abgang nimmt sie sich zu wenig Zeit,
landet schief in der Bahn und stolpert.
Und dann schreit sie leise auf und fällt in den
weichen Sand der Reithalle.
So etwas ist schon öfter geschehen. Normalerweise
stehen die Kinder gleich wieder auf und laufen zur
Gruppe zurück.

Doch diesmal bleibt Kati sitzen und umklammert ihren linken Knöchel. Ihr Gesicht ist ganz blass. Ihre Augen füllen sich langsam mit Tränen.

Tamara pariert Charly durch und drückt Elke die Longe in die Hand. Gemeinsam mit Alina läuft sie zu Kati.

»Sitzen bleiben«, sagt sie. »Wo tut's weh?«

»Ich glaube, ich habe mir den Fuß verstaucht«, presst Kati mit zusammengebissenen Zähnen hervor. Es fällt ihr schwer, nicht zu weinen.

Alina und Kati schauen einander an. Beide haben denselben Gedanken: Nur noch eine Woche bis zur Weihnachtsfeier!

Die Kür

Die Kür macht vielen Voltigierern besonders viel Spaß. Hier kann jeder sich darauf konzentrieren, was er am besten kann. Als Anfänger kannst du folgende Übungen probieren:

Doppelschlaufenstand

Querlieger mit Fahne

Prinzensitz mit Stehen

Sitzen auf der Bank

Schulterstand gehalten

Flieger

Doppelstandwaage in der Schlaufe

Seitwärtsstehen gehalten

Die Weihnachtsfeier

»Mach's gut!«, ruft Kati Alina zu und hebt ihre
Fäuste mit eingekniffenen Daumen hoch. Dann
humpelt sie in die Reithalle zurück und gesellt sich
zu ihrer und Alinas Familie.

Alle Spring- und Dressurvorführungen haben schon
stattgefunden. Jetzt steht endlich das Voltigieren auf
dem Programm.

Tamara kommt mit Charly und der ersten Gruppe in
die Bahn getrabt. Die Zuschauer klatschen laut in
die Hände.

Charly sieht prächtig aus, mit kleinen Zöpfchen in
der Mähne und weißen Bandagen an den Beinen.

Alina ist erst mit der zweiten Gruppe an der Reihe.
Sie steht in der Nähe des Eingangs und beobachtet
gespannt, ob bei den anderen alles klappt.

Dann läuft die erste Gruppe nach draußen. Elke trommelt die nächste zusammen.

»Los, Leute, wir sind dran! Wehe, ihr strengt euch nicht an!«

Während Alina auf ihren Auftritt wartet, fliegt ihr Blick hin zu ihren Eltern und zu Kati. Kati macht ein ganz verbissenes Gesicht. Sie ist unheimlich enttäuscht, weil sie nicht selbst mitmachen kann. Aber Alina weiß, dass die Freundin ihr trotzdem fest die Daumen hält.

Tamara nickt ihr zu. Jetzt! Jetzt ist es so weit!

Alina vergisst ihre zitternden Knie und galoppiert auf Charly zu. Hanna läuft hinter ihr her, um ihr zu helfen, wenn es nötig ist.

Und Alina kommt tatsächlich alleine nicht hoch. So was Ärgerliches! Dabei hat es doch vorgestern schon einmal geklappt!

Aber dann, einmal auf dem Pferderücken, fühlt sie sich wohl und sicher. Freier Grundsitz im Galopp. Sie streckt die Arme zur Seite und die Fußspitzen, anders als beim Reiten, ganz lang nach unten. Hoffentlich wird das Knien klappen! Im Galopp! Beim Üben ist es ihr schon gut gelungen.

Nicht nervös sein! Ganz ruhig . . . Das richtige
Gleichgewicht finden . . .

Charly galoppiert in gleichmäßigem Takt. Prima! Gut
so! Kein Patzer, kein Wackeln. Alina atmet tief
durch.

Jetzt nur den Abgang nicht verstolpern!

Sie trabt zu den anderen zurück, strahlend vor Stolz
und Erleichterung.

Kati winkt ihr zu. Dort grinst Max zu ihr herüber. Und
drüben am großen Weihnachtsbaum leuchten hell
die Kerzen.

Nachdem alle Gruppen ihr Programm gezeigt
haben, gibt es noch eine Überraschung. Hannas
Mutter übernimmt die Longe und Tamara geht selbst
noch einmal unter die Voltigierer.

Sie zeigt ihre Übungen wie am Fließband,
geschmeidig, schwungvoll und mit perfekter
Körperspannung.

Mühle, Schere, freies Stehen und dann auch
noch eine Kür: Handstand, Rückwärtsstehen,
Rad und schließlich ein Salto seitwärts vom Pferd
herunter!

Aus den Zuschauerreihen ertönen begeisterte Pfiffe.
Charly wackelt nur kurz mit den Ohren. Ihn kann so
etwas nicht aus der Ruhe bringen.

Alina schaut mit leuchtenden Augen zu.

So gut wie Hanna möchte ich reiten können, denkt
sie sehnsüchtig. Und so toll voltigieren wie Tamara!
Nach dem Voltigieren kommt Hanna, als
Weihnachtsmann verkleidet, mit einer Ponykutsche
in die Reithalle gefahren. Sie verteilt Tüten mit
Plätzchen an alle Teilnehmer und alle anwesenden
Kinder.

Alina zwinkert verblüfft, als sie den Engel genauer
betrachtet, der auf dem Kutschbock sitzt und in die
Menge winkt und lächelt. Es ist Kati! Kati, deren
Gesicht vor Verlegenheit rot angelaufen ist.
Was für ein schöner Einfall von Hanna! Auf diese
Weise kann Kati doch noch bei der Weihnachtsfeier
mitmachen, auf die sie sich so gefreut haben.

Die Abzeichen

Es gibt verschiedene Motivationsabzeichen für Voltigierer, die du erwerben kannst: das Steckenpferd, das Kleine Hufeisen und das Große Hufeisen.

Zur Prüfung gehören Theorie und Praxis. Du musst zeigen, dass du im Umgang mit dem Pferd Bescheid weißt, zum Beispiel ein Pferd führen und putzen kannst. Außerdem musst du Fragen rund ums Pferd, zu Pferdehaltung, Pferdepflege und auch zum Voltigieren beantworten. Im praktischen Teil zeigst du einige einfache Übungen im Galopp und Schritt, auch eine Doppelübung muss dabei sein.

Wenn du besonders sportlich bist, kannst du auch das Kombinierte Hufeisen erwerben. Hier kannst du dich entweder im Reiten und Voltigieren und einer weiteren Sportart prüfen lassen oder im Reiten oder Voltigieren mit zwei weiteren Sportarten. Wenn du die Prüfung bestanden hast, bekommst du eine Urkunde und ein Abzeichen.

Bevor du eines der Leistungsabzeichen im Voltigieren erwerben kannst, musst du die Prüfung zum Basispass Pferdekunde ablegen. Hierbei kommt es noch nicht aufs Reiten oder Voltigieren an, sondern nur auf den richtigen Umgang mit dem Pferd. Der Basispass Pferdekunde ist deshalb eine tolle Sache für alle, die sich mit Pferden beschäftigen.

Die Voltigierabzeichen sind in vier Klassen eingeteilt:

• Kleines Voltigierabzeichen (Klasse IV)

• Voltigierabzeichen in Bronze (Klasse III)

• Voltigierabzeichen in Silber (Klasse II)

• Voltigierabzeichen in Silber mit Lorbeer (Klasse I).

Auch bei den Leistungsabzeichen gibt es einen praktischen und einen theoretischen Teil. Die Anforderungen werden von Klasse zu Klasse immer schwerer und du musst immer höhere Noten erreichen.
Es gibt auch noch das Voltigierabzeichen in Gold. Es wird nur aufgrund von Leistungen im Turniersport verliehen.
Wer weiß, vielleicht bekommst auch du es eines Tages . . .

Harriet Buchheit

Alina lernt reiten
Vom Aufsatteln zum ersten Galopp

Endlich ist es soweit: Alinas erste Reitstunde! Gar nicht so einfach ist das mit der Reiterei, stellt sie bald fest. Aber Alina ist fest entschlossen, fleißig zu lernen – damit sie auch beim »Tag der offenen Tür« mitreiten darf.

Arena

68 Seiten • Kartoniert
ISBN 978-3-401-51090-3
www.arena-verlag.de

Harriet Buchheit

Alinas erster Ausritt
Unterwegs zu Pferde

Zum ersten Mal ins Gelände! Alina ist ganz aufgeregt. Ob ihr Lieblingspony Texas
Bill auch brav sein wird? Alles klappt ganz wunderbar, und Alina ist sich sicher:
Etwas Schöneres, als zu Pferde unterwegs zu sein, kann es gar nicht geben!

Arena

68 Seiten • Kartoniert
ISBN 978-3-401-51088-0
www.arena-verlag.de